Año Nuevo Chino

Lori Dittmer

semillas del saber

CREATIVE EDUCATION • CREATIVE PAPERBACKS

Publicado por Creative Education y Creative Paperbacks
P.O. Box 227, Mankato, Minnesota 56002
Creative Education y Creative Paperbacks son marcas editoriales de The Creative Company
www.thecreativecompany.us

Diseño de Ellen Huber
Producción de Colin O'Dea
Dirección de arte de Rita Marshall
Traducción de TRAVOD, www.travod.com

Fotografías de Alamy (TAO Images Limited), Getty Images (Pan Hong/Moment, Kameleon007/iStock, Jordan Lye/Moment), iStockphoto (CollinsChin, DuongHaiDang, fongfong2, Lcc54613, MonicaNinker, PanjarongU, pengpeng, photo26, prapassong, rodho, RonTech2000, THEPALMER, tomodaji, tratong, vovashevchuk, WinsomeMan, luo yun), Shutterstock (HelloRF Zcool, KeongDaGreat, Vietnam Stock Images)

Información del Catálogo de publicaciones de la Biblioteca del Congreso is available under PCN 2019957344.
ISBN 978-1-64026-438-0 (library binding)
ISBN 978-1-62832-973-5 (pbk)

TABLA DE CONTENIDO

¡Hola, Año Nuevo Chino!

Esta fiesta es el comienzo del año en el calendario chino.

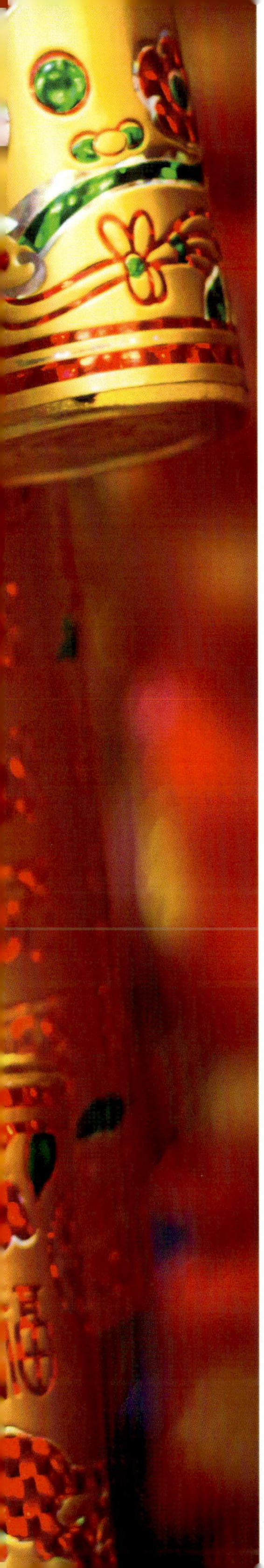

Tiene lugar en enero o febrero.

Los árboles de mandarina traen buena suerte.

El color rojo significa felicidad.

Los dragones son símbolos de riqueza y poder.

Cuenta una antigua historia que en la víspera de Año Nuevo apareció una bestia.

La gente colgaba banderas rojas. Asustaron a la bestia con fuegos artificiales.

Hoy en día, la fiesta también se llama Festival de Primavera.

Es un momento para que las familias se visiten.

Las familias preparan comidas especiales. Comen fideos largos.

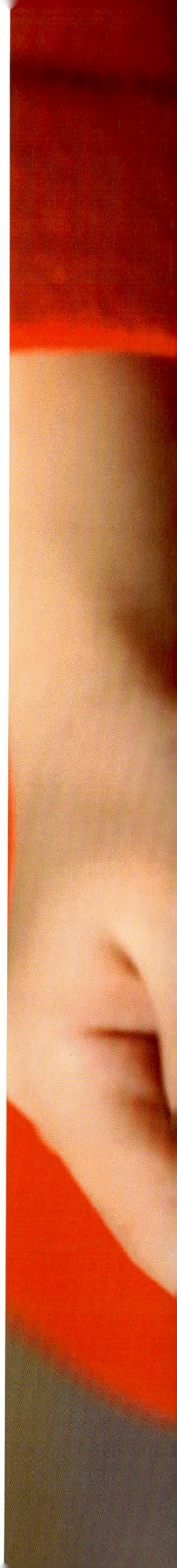

También disfrutan de bolas de masa, pescado, y rollitos primavera.

Los niños abren sobres rojos. ¡Adentro hay dinero!

La gente mira los fuegos artificiales.

¡Adiós, Año Nuevo Chino!

Dibuja el Año Nuevo Chino

decoraciones con forma de pez

farol rojo

mandarinas

sobres rojos

dragón

Palabras que debes saber

banderas: largas tiras de tela con algo escrito en ellas

mandarina: un tipo pequeño y dulce de naranja que tiene una piel más fina y más suelta

祈
年
殿

Índice